读书不是为爸妈

熊　静　主编

前言

家长们时常困惑，不知道应该让孩子看什么书。他们希望自己的孩子爱读书，却不知道如何为孩子选合适的书，如何引导孩子爱上阅读。

故事，所有人都喜欢读，尤其是孩子。故事是打开世界的一扇门，可以让人们了解大千世界，懂得做人的基本准则。故事也是生动的、亲切的，不会让阅读者抵触，可以开拓人的思维，能以润物细无声的方式影响到读故事的人。

我们每个人都经历过儿童这个阶段，有相似的成长经历。我们会从读故事的孩子身上看到自己曾经的影子。如果把成长比作登山，攀爬的过程艰辛而漫长。我们想做的就是，坦诚告诉孩子，这座山恰好我也爬过。哪里有路？哪里荆棘丛生？我们或许可以提供一些宝贵的经验，来帮助他们少走弯路。

因此，我们编著了“快乐小学生校园成长记”系列丛书。

“快乐小学生校园成长记”系列丛书共十册，全部由古今中外的经典小故事组成。我们对这些小故事进行分类、编排和改写，共分成了十个主题。这十个主题以提高孩子的情

商、逆商、德商为出发点，针对孩子在成长过程中遇到的自卑、焦虑、敏感、骄纵等一系列问题，让孩子通过阅读学会接纳自我，学会平静面对当下，并让孩子理解烦恼也许永远无止境，但成长也无止境。书中的每一个故事都温暖人心，能满足孩子内心的情感需求。我们也希望孩子在读完每一个故事之后，会主动思考，并去查阅资料，了解故事中的人物。我们不仅希望孩子从故事中获得人生启迪，还希望他们能了解故事发生时的历史文化和时代背景，开拓他们的阅读视野。

本系列图书全文加注拼音，适合孩子自主阅读。通过这些充满力量的故事，让孩子们去用心体会和发现我们所生活的这个世界中的真善美，帮助他们建立正确的人生观和世界观。

此外，我们还在内文中优美的句子下用彩色波浪线标注，在好的词语后参照字典进行注释，不仅可以帮助孩子自主无障碍地阅读，而且也能提升孩子的写作能力。

最后，在每一篇故事的后面，我们都做了一段简短的阅读分享，来陪伴孩子阅读，共同感受故事的魅力。

希望这些积极向上、充满正能量的故事，能带给孩子启发，并为孩子们创造美好的未来奠定坚实的基础。

编 者

2018.3

目录 Contents

gé lái tè de jiàn zhù mèng
格莱特的建筑梦

bèi kè xiān sheng jiē dào xué xiào diàn huà de shí hou
贝克先生接到学校电话的时候，
tā zhèng zài kāi yī gè hěn zhòng yào de huì yì tā de ér
他正在开一个很重要的会议。他的儿
zi gé lái tè zài xué xiào bǎ zì jǐ nòng de yī tuán zāo
子格莱特在学校把自己弄得一团糟……
lǎo shī xī wàng tā néng lì kè guò qù kàn kan
老师希望他能立刻过去看看。

bèi kè xiān sheng jí máng jié shù huì yì cōng cōng
贝克先生急忙结束会议，匆匆
gǎn dào xué xiào yī yǎn jiù kàn dào le yī fu hé tóu fa
赶到学校，一眼就看到了衣服和头发
shang quán dōu shì ní ba de gé lái tè
上全都是泥巴的格莱特。

nǐ zuò le shén me bèi kè xiān sheng hěn
“你做了什么？”贝克先生很
shēng qì
生气。

suì de gé lái tè zhàn zài nà er jǔ zhe zāng
8岁的格莱特站在那儿，举着脏
xī xī de xiǎo shǒu duì fù qīn
兮兮（形容肮脏浑浊的样子）的小手对父亲
shuō wǒ xiǎng yòng ní ba jiàn zào yī zuò chéng bǎo
说：“我想用泥巴建造一座城堡。”

“城堡？”贝克先生的目光扫过旁边完全看不清造型的一堆泥巴，脸色更阴沉了，“来学校不是让你玩泥巴的。快给我回家换衣服去！”

格莱特跟着父亲回到家，一进门就遇到了等在家里的妈妈。

“天哪！我的宝贝！你做了什么？”妈妈扑过来。

“我想用泥巴建造一座城堡。”格莱特认真地对妈妈说。

爸爸不耐烦地看了看格莱特，回过头对妈妈说：“还想建城堡呢？你看看他把自己弄成了什么样子。”

妈妈瞪了爸爸一眼，转过身子温柔地摸了摸格莱特的头：“宝贝，你好厉害呀！能告诉妈妈，你建了座什么样的城堡吗？”

于是，格莱特很高兴地向妈妈介绍自己的沙地城堡，连吃饭的时候都停不下来。妈妈不厌其烦地听着，不时地点点头，有时还会和格莱特讨论城堡的一些细节。

晚上，妈妈对爸爸说：“我们是不是应该多和孩子聊一聊他自己的想法呢？即使工作再忙，为了孩子，我们也得这么做。”

经妈妈这么一说，爸爸也觉得自己的态度确实有些不妥，也有些后悔。他小心翼翼地走进格莱特的房间，向格莱特道歉：“对不起，宝贝，爸爸最近比较忙，没能好好地了解情况。爸爸答应你，只要你真正对建筑感兴趣，爸爸会一直努力支持你的。”

果然，格莱特一直朝这个方向努力，最后真的成了一名建筑师。

兴趣往往能成就梦想

每个人都有梦想，每个人都有美梦成真的机会。格莱特最后的成功，不仅仅是因为他刻苦努力，不仅仅是因为父母的大力支持，更是因为他内心所追求的就是成为一位优秀的建筑师。

不过，有兴趣并不意味着随随便便都能成功。世界上很多的人都是在坚持和放弃的选择中败下阵来，从而与成功失之交臂的。只有确定好自己的兴趣爱好，坚持不懈地努力，并抓住一切机会，才会获得成功。

乔伊的球鞋

乔伊想成为一名专业的足球运动员，可是他一直没有一双合适的球鞋。因为家里贫穷，他总是穿着爸爸的旧皮鞋。

这一天，坐在乔伊前排的杰克炫耀自己的新运动鞋："你看！这是我爸爸为我买的，和罗纳尔多的鞋是同款，穿着它踢球一定棒极了！"

那是一双漂亮的鞋子，看一眼就让人有想买下的冲动。

那天，乔伊总是忍不住看杰克的鞋子，想象

zhe zì jǐ chuān shàng tā zhī hòu de yàng zi xiǎng zhe xiǎng
着自己穿上它之后的样子。想着想
zhe tā de xīn zhōng tū rán yǒu le yī gè zhǔ yi
着，他的心中突然有了一个主意。

yī gè yuè hòu qiáo yī chuān zhe yī shuāng zhǎn xīn
一个月后，乔伊穿着一双崭新
de yùn dòng xié lái dào xué xiào jié kè tū rán zhǐ zhe tā
的运动鞋来到学校，杰克突然指着他
dà shēng jiào dào qiáo yī zhè shuāng xié nǐ shì cóng nǎ
大声叫道：“乔伊，这双鞋你是从哪
lǐ nòng lái de
里弄来的？”

qiáo yī méi yǒu shuō huà zhǐ shì lèng lèng de kàn zhe
乔伊没有说话，只是愣愣地看着
jié kè
杰克。

jié kè shēng qì de dà hǒu wǒ de xié zi fàng
杰克生气地大吼：“我的鞋子放
zài sù shè li zhǎo bù dào le shì bù shì nǐ tōu de
在宿舍里找不到了，是不是你偷的？”

tóng xué men dōu wéi guò lái fēn fēn yì lùn zhe
同学们都围过来，纷纷议论着，
kàn qiáo yī de mù guāng jiù xiàng shì kàn xiǎo tōu yī yàng qiáo
看乔伊的目光就像是看小偷一样。乔
yī hěn shāng xīn dàn tā shén me yě bù shuō wú nài zhī
伊很伤心，但他什么也不说。无奈之
xià lǎo shī zhǐ hǎo jiào lái le qiáo yī de bà ba
下，老师只好叫来了乔伊的爸爸。

tīng le lǎo shī de huà qiáo yī de bà ba yáo le
听了老师的话，乔伊的爸爸摇了
yáo tóu bù wǒ xiāng xìn wǒ de ér zi tā bù huì
摇头：“不！我相信我的儿子，他不会

偷东西的！”

“可是，他的鞋子明明和我丢的那双一模一样！”杰克还在大叫。

老师问乔伊的爸爸：“是您给乔伊买的这双鞋吗？”

“不！”乔伊的爸爸还是摇头，“我没有给他买过这双鞋，也没有给过他足够买鞋的钱。”

“那……”老师也不知道该说什么了。

在大家怀疑的目光中，乔伊的爸爸在乔伊面前蹲下来，温柔地问：“乔伊，你能告诉爸爸，这双鞋是怎么来的吗？”

一直没有说话的乔伊抬起头，看着爸爸信任的眼

神，哭着说：“我想要一双新运动鞋。为了买这双鞋，每天傍晚我都会去海边捞一些鱼虾卖掉，足足花了一个月的时间才攒够了钱……我有买鞋小票的……”

一张小票在众人面前展开，大家都羞愧地低下了头。

信任是对孩子最好的爱

父母对子女的信任是对孩子最好的爱。当全世界都怀疑你时，只要父母还站在你这一边，你就能拥有坚持的勇气和信心。故事里乔伊的爸爸很普通也很贫穷，但是始终相信儿子，在乔伊孤立无援时伸出了信任的双手。只有这样的父亲才能教育出乔伊这样既体谅父母又自食其力的孩子，从而获得大家的尊重。所以，不管身处顺境还是逆境，不论家庭富有还是贫穷，父母、子女之间都要相互信任。

约克的圣诞礼物

约克今年10岁，他非常喜欢足球，连做梦都渴望走进体育馆，为自己喜爱的球队加油。可是爸爸妈妈只是公司里的普通员工，每个月赚的钱很少，连一家人一起出去吃顿晚餐，妈妈都要心疼很久。约克想去看球赛，又怕增加父母的负担，所以一直不敢告诉爸爸妈妈。

很快，圣诞节就要到了，同学们计划一起去狂欢，可是地方太远需要家长接送。约克给爸爸妈妈打了电话，爸爸妈妈都说要加班。

挂断电话后，约克垂头丧气（形容因为事情不顺利而心情低落的样子）地往家里走。在路过街角的约翰医生家时，他被叫住了。

“约克！”约翰医生朝他挥手，“你爸爸的身体好点了吗？”

“什么？”约克不明白，爸爸的身体不是一直都很健康吗？

“前段时间，你爸爸的身体不舒

服，我帮他检查了，是因为劳累过度。”约翰医生继续说着，“我让他不要加班，他非说要多赚一些钱，好带你去看球赛……可不管怎样，身体健康才是最重要的呀！”

约翰愣住了，爸爸妈妈原来这么辛苦呀！爸爸妈妈也一直知道自己的心愿。

晚上，等爸爸妈妈回来时，约克冲上去说道：“爸爸、妈妈，我不看球赛了。你们不要这么辛苦！”

tā shǒu pěng zhe yī shù xiān yàn de huā zhè shì yuē
他手捧着一束鲜艳的花，这是约
kè cóng tián yě li jīng xīn tiāo xuǎn de yuē kè hái zài xiān
克从田野里精心挑选的。约克还在鲜
huā li fàng le yī zhāng jīng měi de xiǎo kǎ piàn shàng miàn gōng
花里放了一张精美的小卡片，上面工
zhěng de xiě zhe yī háng zì bà ba mā ma nǐ men
整地写着一行字——爸爸、妈妈，你们
xīn kǔ le shèng dàn jié kuài lè
辛苦了，圣诞节快乐！

父母的爱润物细无声

爱是需要发现的。很多时候，父母把爱藏在对我们的唠叨里，藏在平时的一茶一饭里，藏在深夜的一声叮咛里。如果不仔细分辨，你就不会发现，也许还会误解他们，甚至会因此叛逆。但是某个不经意的瞬间，你会发现最爱你的依然是父母，因为他们为了你已经倾尽全力。所以，当我们抱怨父母管束太多，或者某件事不能达到我们的要求时，不妨换一个角度想一想，多少个日夜里，他们伏案工作、来回奔波，只是为了给我们提供更好的生活，甚至为此熬白了头发，压弯了脊背。我们又有什么理由不去理解他们呢？多给父母一点理解，少一点抱怨，一切都会变得更美好。

dú shū bù shì wèi bà mā
读书不是为爸妈

lǔ bān shì chūn qiū shí qī lǔ guó rén tā de
鲁班是春秋时期鲁国人，他的
fù qīn duì tā yǒu hěn gāo de qī wàng xī wàng tā duō dú
父亲对他有很高的期望，希望他多读
shū bù zài xiàng zì jǐ yī yàng zuò gè mù jiàng
书，不再像自己一样做个木匠。

lǔ bān de mǔ qīn dú guò shū zài lǔ bān suì
鲁班的母亲读过书，在鲁班3岁
de shí hou kāi shǐ jiāo tā shí zì jiàn jiàn de tā fā
的时候开始教他识字。渐渐地，她发
xiàn lǔ bān suī rán hěn cōng míng dàn duì mù gōng hǎo xiàng gèng
现鲁班虽然很聪明，但对木工好像更
yǒu xìng qù lǔ bān yǒu shí hou huì yòng shù zhī dā fáng
有兴趣。鲁班有时候会用树枝搭房
zi yǒu shí hou wán fù qīn de gōng jù jiù néng wán yī
子，有时候玩父亲的工具就能玩一
tiān lián chī fàn dōu wàng jì le
天，连吃饭都忘记了。

mǔ qīn tōu tōu bǎ zhè
母亲偷偷把这
jiàn shì gào su le lǔ bān
件事告诉了鲁班
de fù qīn shuō wǒ
的父亲，说：“我

看鲁班很喜欢木工，要不以后让他也做木匠好了。”

但是，父亲听了很生气：“我做了一辈子木匠，知道做木匠既辛苦又被人看不起。你让他摆弄这些东西，难道想让他走我的老路吗？”

“可是孩子这么小就对这些感兴趣，我们应该支持他的。”母亲坚持说道。

母亲继续教鲁班识字，还经常和鲁班一起研究那些木工工具。鲁班对木工也越来越感兴趣。

等他上学堂后，连老师都发现了这一点。

老师对鲁班的父亲说：“鲁班可以专门去学习木工。他现在没有人指

dǎo jiù néng zì jǐ zuò yī xiē jīng zhì yòu shí yòng de xiǎo
导，就能自己做一些精致又实用的小
dōng xi yào shi yǒu rén zhǐ dǎo yǐ hòu huì yǒu dà chéng
东西，要是有人指导，以后会有大成
jiù de wǒ zhī dao nǐ bù xī wàng lǔ bān xiàng nǐ yī yàng
就的！我知道你不希望鲁班像你一样
zuò mù jiàng dàn shì nǐ bù néng yīn wèi zì jǐ de xǐ
做木匠。但是，你不能因为自己的喜
hào ér dān wu hái zi de qián tú hái zi dú shū bù shì
好而耽误孩子的前途。孩子读书不是
wèi le fù mǔ rú guǒ nǐ hái jiān chí nǐ de zuò fǎ
为了父母。如果你还坚持你的做法，
jiāng lái huì hòu huǐ de
将来会后悔的。”

fù qīn xiǎng le xiǎng hái shi tóng yì le bǎ lǔ
父亲想了想，还是同意了，把鲁
bān sòng dào le zhōng nán shān xiàng lì hai de shī fu xué xí
班送到了终南山向厉害的师傅学习。

guǒ rán lǔ bān hòu lái fā míng le huà xiàn yòng de
果然，鲁班后来发明了画线用的
mò dǒu yòu fā míng le hěn duō xīn de gōng jù chéng le
墨斗，又发明了很多新的工具，成了
mù jiàng de bí zǔ
木匠的鼻祖（比喻某个学派或行业的创始人）。

父母要尊重孩子的兴趣

每一个爸爸妈妈都爱自己的孩子，有的还喜欢为孩子安排一切，并且希望孩子能走上他们所设计的人生道路。孩子稍微有些偏离，爸爸妈妈就会很紧张，生怕自己的设计毁于一旦。但是，正如前面所说，每一个爸爸妈妈都是爱孩子的，只是爱的方式不同罢了。鲁班的父亲因为尝过做木匠的滋味，知道其中的酸甜苦辣，不愿意鲁班走自己的老路。但当他发现大家都觉得鲁班是做木匠的天才时，他也及时调整了自己对儿子的期望，尊重鲁班的兴趣爱好，使鲁班在木工行业发挥才能，并成为木匠祖师。可见，父母只有尊重孩子的个性发展，才有利于孩子成才。

ān dé liè de shàng xué lù
安德烈的上学路

suì de ān dé liè shì gè hěn dǎn xiǎo de hái
10岁的安德烈是个很胆小的孩
zi shàng xià xué de lù shang dōu yào fù qīn jiē sòng tā
子，上下学的路上都要父亲接送。他
zǒu lù xǐ huan dī zhe tóu yù dào shì qing xǐ huan kū
走路喜欢低着头，遇到事情喜欢哭，
jiàn jiàn de dà jiā dōu bù xǐ huan hé tā wán le
渐渐地，大家都不喜欢和他玩了。

ān dé liè de fù qīn yuē hàn xiān sheng cóng lǎo shī nà
安德烈的父亲约翰先生从老师那
er zhī dào le zhè ge qíng kuàng tā hé qī zi shāng liang
儿知道了这个情况，他和妻子商量：
ān dé liè bù néng zài zhè yàng le wǒ men bì xū cǎi
“安德烈不能再这样了，我们必须采
qǔ yī xiē cuò shī ràng tā biàn de qiáng dà qǐ lái
取一些措施，让他变得强大起来。”

yú shì dì èr tiān de zǎo cān zhuō shang yuē hàn
于是，第二天的早餐桌上，约翰
xiān sheng duì ān dé liè shuō cóng jīn tiān qǐ nǐ bì
先生对安德烈说：“从今天起，你必
xū yī gè rén shàng xué hé fàng xué wǒ hé nǐ de mā ma
须一个人上学和放学，我和你的妈妈
dōu bù huì zài qù jiē sòng nǐ
都不会再去接送你。”

正在喝牛奶的安德烈一下子愣住了，他不知所措（不知怎么办好，形容处境为难）地望着爸爸和妈妈，棕色的大眼睛里写满了惶恐（惊恐、惊慌），晶莹的泪珠似乎马上就要落下来。但遗憾的是，爸爸一直严厉地看着他，妈妈也转开了目光。

清晨的树林里灰蒙蒙的，安德烈一个人背着书包走在路上，他的脚下踩着松软的树叶，四周一片寂静，他不禁打起了寒战。这时，树林前方有一个黑影闪过，发出了“咯吱”的怪叫声。安德烈被吓得完全不敢向两侧看，一边走一边哭着跑到了学校。

到了学校，他红通通的双眼照例遭到了同学们的嘲笑。

“爸爸一定不爱我了。”安德烈趁父亲不在家的时候向母亲哭诉道，“你不知道树林里有多可怕，里面总是发出奇怪的声音。”

“你为什么不仔细观察一下呢？或许并没有那么可怕。”妈妈在一旁鼓励道。

从这天起，安德烈开始尝试在走路的时候抬起头，留心观察树林里的东西。渐渐地，安德烈发现他上次看到的黑影其实是树林里的小松鼠，他甚至追着它跑到了树林深处。

“其实，一切也没那么可怕嘛！”安德烈慢慢快乐起来。他已经很长时间没有哭鼻子了，和同学们的关系也有所改善。

有一天下雪了，安德烈穿得厚厚的去学校，结果道路太滑，他一不小心摔了个跟头，顺着山坡滑了下去。

“安德烈！”身后突然传来一声惊恐的大叫，一个熟悉的身影飞一般地冲过来，一把将安德烈从地上抱起来。

“爸爸？”安德烈惊讶地看着抱着自己的人。

晚上，安德烈偷偷地把白天发生的事告诉了妈妈。妈妈笑着说：“傻孩子，从让你一个人上学

的第一天起，爸爸就一直跟在你身后呀。他只是想让你成长，并不是不爱你，难道你一直都不明白吗？”

父爱藏在你不知道的角落

父爱如山。很多时候，父亲的爱都是像山一样沉默的，有时候他们严厉和冷漠的外表，甚至会遮挡我们发现爱的视线。但是，某一个瞬间，我们回眸，会发现他们一直在我们身后，用爱在支撑我们前行。让我们擦亮眼睛，发现父亲深藏在心底的爱吧，不要让误解阻挡了我们和父亲的交流，更不要让父亲的爱因为沉默而被岁月尘封。

蒂娜的“好办法”

蒂娜今年12岁，是个乖巧可爱的女孩。可是这天，她来找兰妮老师，脸上写满了伤心。

“亲爱的蒂娜，今天你的心情好像有点儿糟糕，能告诉老师发生了什么事情吗？”兰妮老师温柔地问道。

蒂娜的眼圈红红的：“老师，昨天我吃饭的时候不小心打

suì le yī zhī wǎn mā ma bù gāo xìng pī píng le wǒ
碎了一只碗，妈妈不高兴，批评了我
hěn jiǔ wǒ hěn shēng qì jiù dǐng zhuàng le mā ma jǐ
很久。我很生气，就顶撞了妈妈几
jù mā ma gèng shēng qì le wǒ men dào xiàn zài dōu
句，妈妈更生气了……我们到现在都
méi yǒu zài shuō huà wǒ jué de hěn nán guò wǒ zhī dào
没有再说话，我觉得很难过。我知道
zì jǐ cuò le kě shì bù zhī dào gāi zěn me bàn
自己错了，可是不知道该怎么办。”

ō tīng qǐ lái zhēn de yǒu diǎn zāo gāo
“噢，听起来真的有点糟糕。”
lán nī lǎo shī lù chū yí hàn de biǎo qíng rèn zhēn sī kǎo
兰妮老师露出遗憾的表情，认真思考
le yī huì er rán hòu zhǎ zha yǎn shuō wǒ jiāo gěi nǐ
了一会儿，然后眨眨眼说，“我教给你
yī gè bàn fǎ yě xǔ néng ràng yī qiè dōu hǎo qǐ lái
一个办法，也许能让一切都好起来。”

zhè yī tiān dì nà huí dào jiā zhí jiē bào zhù
这一天，蒂娜回到家，直接抱住
le mā ma
了妈妈。

mā ma duì bu qǐ zuó tiān wǎn shang shì wǒ
“妈妈，对不起，昨天晚上是我
bù duì tā pā zài mā ma róu ruǎn de huái bào li
不对。”她趴在妈妈柔软的怀抱里，
qīng qīng de shuō mā ma wǒ ài nǐ
轻轻地说，“妈妈，我爱你。”

tīng wán dì nà de huà mā ma liǎn shang de biǎo qíng
听完蒂娜的话，妈妈脸上的表情
yī xià zi biàn le jǐn zhòu de méi tóu màn màn de shū zhǎn
一下子变了，紧皱的眉头慢慢地舒展

开，嘴角也翘了起来。

“没关系，昨天晚上妈妈也有不对的地方。”妈妈有点不好意思，还有点感动，“我也爱你，蒂娜！”

于是，当天晚上，因为妈妈的好心情，一家人享受了一顿美味的晚餐，等到睡觉的时候，妈妈还给了蒂

nà yī gè wěn
娜一个吻。

cóng zhè yī tiān qǐ dì nà měi tiān dōu huì duì bà
从这一天起，蒂娜每天都会对爸
ba mā ma shuō wǒ ài nǐ jiàn jiàn de bà ba
爸妈妈说“我爱你”。渐渐地，爸爸
mā ma liǎn shang de xiào róng yuè lái yuè duō měi tiān hù xiāng
妈妈脸上的笑容越来越多，每天互相
shuō wǒ ài nǐ yě chéng le yī jiā rén de xí guàn
说“我爱你”也成了一家人的习惯。

勇敢说出对爸妈的爱

父母和子女之间的爱是人世间最宝贵的感情，但是因为它时时刻刻在我们身边，我们就容易忽略它，或者忘记了怎么去表达它。其实，我们的一个笑容、一个拥抱、一个亲吻，就能表达出我们对父母深深的爱意，给他们带来愉悦感和幸福感。一声简单的“我爱你”，就能让世界充满阳光，让家人的心更加紧密。所以，不要再等待了，勇敢地对爸爸妈妈说出我们的爱吧！

林童送米

古时候，有个叫林童的孩子家里很穷。他的父亲是福建当地的一个教书先生，母亲在家照顾他们10个兄弟姐妹，日子过得紧巴巴（形容经济上不宽裕）的。林童每天去上学前，都会先将母亲和姐姐们的剪纸工艺品拿到店铺寄卖，放学后再去店铺把卖货的钱拿回家。

有一天，林童的三伯来到林童家。林童的父亲把三伯迎进门坐下，三伯很不好意思，但一想到家里的情况，还是开口说："最近家里没有收入，可是几口人都要吃饭，实在是没有办法了，能不能借我点粮食？"

林童的父亲点了点头："哥哥别急，我这就让孩子去给你装点粮食。"

林童到厨房里一看，米缸里只剩下一点点米了。他只好转身回去，悄悄把父亲拉到一边，说："父亲，家里也没有多少米了，估计就够我们一家两三天的量。"

父亲点点头说："你觉得应该怎么办呢？"

林童想了想，说："我觉得应该把粮食给三伯。"顿了顿，补充

dào yī huì er zài sān bó miàn qián yě bù néng shuō
道，“一会儿在三伯面前，也不能说
zhè shì wǒ men jiā xiàn yǒu de wéi shù bù duō de mǐ
这是我们家现有的为数不多的米。”

wèi shén me ne wǒ men yī jiā shí jǐ kǒu
“为什么呢？我们一家十几口
rén yě méi yǒu chī de le ya lín tóng de fù qīn
人，也没有吃的了呀！”林童的父亲
miàn dài wēi xiào de wèn dào
面带微笑地问道。

wǒ men jiā suī rán méi yǒu liáng shi le dàn shì
“我们家虽然没有粮食了，但是
hái yǒu shōu rù hái yǒu qián zài mǎi liáng shi sān bó jiā
还有收入，还有钱再买粮食。三伯家
què shén me dōu méi yǒu bǐ wǒ men gèng kùn nan bù gào
却什么都没有，比我们更困难。不告
su tā shì yīn wèi ruò shì tā zhī dào le wǒ men jiā de qíng
诉他是因为若是他知道了我们家的情
kuàng xīn lǐ huì hěn kuì jiù de lín tóng shuō
况，心里会很愧疚的。”林童说。

lín tóng de fù qīn zàn shǎng de mō le mō lín tóng
林童的父亲赞赏地摸了摸林童
de nǎo dai kuā jiǎng le tā hòu lái sān bó dù guò
的脑袋，夸奖了他。后来，三伯渡过
le nán guān bù jǐn bǎ qiàn lín tóng jiā de liáng shi huán qīng
了难关，不仅把欠林童家的粮食还清
le hái zī zhù lín tóng qù jīng chéng dú shū
了，还资助林童去京城读书。

做一个助人为乐的人

人生就像一条连绵的山脉，有高峰就会有低谷，没有人会永远站在人生的高峰上。因此，当我们遇见有困难的人时，我们应该在力所能及的情况下，伸出自己的援助之手，帮助他人渡过难关。故事中的林童不仅愿意把自己家中的粮食拿出来救济遭遇困境的三伯，还能想到不要让三伯心怀愧疚，是一个既善良又细心的好孩子。我们应该多向他学习，做一个助人为乐的人。

母亲的目光

史铁生是一位著名的作家。20岁之前的他是个平凡又快乐的青年，但20岁之后，不幸选中了他，医生告诉他，他不久以后可能再也站不起来了。

史铁生无法接受这个消息。他每天躺在病床上，眼睛盯着天花板，无数次想：我都这样了，为什么还要活着。如果不能站起来，还不如死了算了。

不久之后，他的双腿果然彻底瘫痪了。史铁生崩溃了，他有时会突然失控，毁掉身边的东西。每当这时，他的母亲都静静地站在门外，等他发泄完了再走进房间，然后温柔地对他说：“听说北海的花儿开了，我推你去看看。”

史铁生不愿意去，他拼命地捶打自己的双腿，嘴里大喊：“不！我不去！我活着有什么意思！”

母亲扑过来抓住他的手，忍着眼泪说：“咱娘儿俩在一块儿，好好活，好好活……”

尽管医生已经说过史铁生的腿无法再医治，他的母亲却始终不肯放弃。她到处去找大夫，打听偏方，花了很多钱，但一直没有效果。

这天，史铁生像往常一样，自己摇着轮椅去公园。但他突然想起有点事，于是又摇着轮椅回来。结果看到母亲还像他离开前一样站在原地，目光投向他离开的方向，好像在看儿子的轮椅到哪里了。

原来他每次出门的时候，他的母亲都会默默地看着他离开。

史铁生被深深触动了，原来母亲的爱，一直都在他身边。在母亲的陪伴下，史铁生渐渐走出了瘫痪的阴影。就在他重新振作起来的时候，他的母亲却突然倒下了。原来，母亲早已生了重病，只是在他面前从来没有表现出来。

母亲的离去让史铁生一夜之间醒

悟，“树欲静而风不止，子欲养而亲不待”，他后悔母亲在世的时候自己没有多给母亲一些安慰。于是，他把对母亲的歉疚和深情全部化成了文字，写出了广为传诵的《我与地坛》《合欢树》《秋天的怀念》等脍炙人口（比喻好的诗文受到人们的赞美和传诵）的作品。

无声的母爱

很多时候，我们的母亲不会把爱挂在嘴边，但只要用心观察，就可以从她的一言一行中发现她对我们深沉的爱。夜间，她或许会悄悄走进房间为我们掖好被角；清晨，她或许会早起为我们热一杯牛奶……不论是她关怀的话语和行为，还是恨铁不成钢的责备，都是母爱的体现。母亲用如山高海深的情感陪伴着我们前行，教会我们勇敢地面对生活中的各种困境。当我们如故事中的史铁生蓦然回首，看见母亲默默守护的身影，才会发现她眼中满满的爱。

爱听故事的修德

3岁的修德是一个非常爱听故事的小孩，为此，母亲每天晚上都会给他讲故事。慢慢地，母亲讲的故事越来越长，修德也听得越来越认真。

这一天，母亲在讲龟兔赛跑的故事，修德听得津津有味。当母亲讲到兔子在跑道上呼呼大睡，而乌龟依旧一步一步地往前爬时，修德打断了母亲：“妈妈，

ràng wǒ lái shuō zhè ge gù shi tù zi bù
让我来说这个故事——兔子不
zhī dào shuì le duō jiǔ dāng tā xǐng lái
知道睡了多久，当它醒来
de shí hou tiān dōu yǐ jīng hēi le
的时候，天都已经黑了。
tā zhēng kāi yǎn jing fā xiàn wū guī jū rán
它睁开眼睛，发现乌龟居然
jiù zài zhōng diǎn xiàn qián miàn bù lùn tā zěn me
就在终点线前面，不论它怎么
pǎo dōu bù kě néng yíng guò wū guī le
跑，都不可能赢过乌龟了。”

mǔ qīn fēi cháng jīng yà de wèn dào
母亲非常惊讶地问道：
nán dào nǐ tīng shéi shuō guò zhè ge gù shi
“难道你听谁说过这个故事
ma xiū dé xiū sè de yáo yao tóu shuō wǒ shì zì
吗？”修德羞涩地摇摇头说：“我是自
jǐ xiǎng chū lái de mǔ qīn fēi cháng gāo xìng cóng cǐ
己想出来的。”母亲非常高兴，从此
yǐ hòu biàn gēng gǎi le jiǎng gù shi de fāng shì tā měi tiān
以后便更改了讲故事的方式。她每天
zhǐ jiǎng yī xiǎo duàn gù shi tè yì zài gù shi yào zhuǎn zhé
只讲一小段故事，特意在故事要转折
de dì fang tíng xià lái bìng duì xiū dé shuō nǐ cāi
的地方停下来，并对修德说：“你猜，
xià miàn huì fā shēng shén me ne
下面会发生什么呢？”

xiū dé wāi zhe tóu xīng fèn de xiǎng zhe gù shi huì
修德歪着头，兴奋地想着故事会
zěn me fā zhǎn xià qù yǒu shí hou tā néng shùn zhe mǔ qīn
怎么发展下去，有时候他能顺着母亲

的思路说下去，有时候他还能想出一个不同的结局。每当这个时候，母亲都会给他一个吻，鼓励他说：“修德你真是太棒了！你说的是他们的另一种结局呀！”

修德受到鼓励，对听故事和讲故事更加有兴趣了。修德长大后，他成了著名的大作家。

让我们插上想象的翅膀

想象力是每个人与生俱来的能力。它是让我们走向更加丰富多彩的世界的通道。展开想象，我们可以看见飞鸟翱翔在蔚蓝色的大海上，也可以听见小动物们用快乐的声音说话。想象力也是帮助智慧腾飞的翅膀。不仅故事中的修德用自己丰富的想象力，讲出了不一样的故事，最终成为大作家，还有很多人以自己的想象力为跳板，发明创造出了许多东西，方便大家的生活。所以，尽情想象，为我们的生活插上想象的翅膀吧，我们或许会收获一个不一样的自己，一个不一样的世界。

12美元

里根小时候和小伙伴们在院子里踢足球，不小心把邻居家的玻璃打碎了。一起踢球的小伙伴们瞬间跑掉，只留下里根站在那儿。

邻居生气地走出来，对里根说：“你们打碎了我的玻璃！回去拿12美元来赔偿！”

里根不知道该怎么办，只能说：“请您等一等，我回去找爸爸妈妈。”

等他回去跟父亲说了这件事以后，父亲居然拒绝了：“我不会替你赔偿的。玻璃是你打碎的，你现在要做的是去向邻居真诚地道歉，然后自己赔偿。”

“可是，我没有钱呀！”里根摊开空空的双手，眼巴巴（形容急切地盼望）地看着父亲。

“我可以先把钱借给你。”父亲说，“但这是你自己造成的过失，你已经11岁了，必须自己承担责任。我给你一年的时间，你要把12美元还给我。我

xiāng xìn nǐ kě yǐ zuò dào
相信你可以做到。”

hǎo ba wèi le gǎn kuài bǎ qián péi cháng gěi
“好吧！”为了赶快把钱赔偿给
lín jū lǐ gēn wú nài de dā ying le
邻居，里根无奈地答应了。

wèi le zhuàn dào zhè měi yuán tā měi tiān dōu lì
为了赚到这12美元，他每天都利
yòng kòng yú de shí jiān qù sòng niú nǎi sòng bào zhǐ bāng
用空余的时间去送牛奶、送报纸、帮
bié rén chú cǎo fán shì lì suǒ néng jí de shì qing bù guǎn
别人除草。凡是力所能及的事情，不管
duō zāng duō lèi tā dōu nǔ lì qù zuò rán hòu bǎ xīn kǔ
多脏多累，他都努力去做，然后把辛苦
zhèng dào de qián yī diǎn yī diǎn de zǎn qǐ lái
挣到的钱一点一点地攒起来。

jié guǒ jǐn jǐn yòng le bàn nián shí jiān lǐ gēn
结果，仅仅用了半年时间，里根
jiù zhèng dào le měi yuán dāng lǐ gēn bǎ qián huán gěi fù
就挣到了12美元。当里根把钱还给父
qīn de shí hou fù qīn pāi le pāi lǐ gēn yīn wèi gàn huó
亲的时候，父亲拍了拍里根因为干活
ér biàn de hòu shi de jiān bǎng wēi xiào zhe duì tā shuō
而变得厚实的肩膀，微笑着对他说：
zhǐ yào xià dìng jué xīn jiù méi yǒu shén me shì qing zuò
“只要下定决心，就没有什么事情做
bù dào hái zi wǒ wèi nǐ gǎn dào jiāo ào
不到。孩子，我为你感到骄傲！”

责任与担当

懂得承担责任，是一个人为人处世的根本。文中父亲看似苛刻的要求，对里根认识到自己的错误起到了非常重要的作用。在后来日复一日赚钱的过程中，里根学会用自己的双手弥补自己的过错，为他日后的成长也奠定了很好的基础。我们要学习里根的担当和毅力，不去逃避已经发生的事情，勇敢承担自己行为的后果，做一个有责任感和有担当精神的人。

来自天国的信

街道两旁的枫叶红了的时候，艾森的妈妈去世了。艾森很伤心，他始终无法从妈妈去世的悲伤中走出来。家人想了很多办法让他开心，可是艾森一直保持沉默。

冬天到来的时候，艾森迎来了他的12岁生日。以前每到生日这一天，妈妈一大早就会来到他的房间，把精心准备的礼物送给他，带给他无限的喜悦和感动。但是，这一切都随着妈妈的离去变成了回忆。

艾森一个人坐在阁楼上，回想着

以往过生日时的场景，不由得流下了伤心的泪水，直到楼下响起门铃声。他急忙跑下楼去，发现门外是社区的邮递员杰克叔叔。

“小艾森，这里有你的一封信。”杰克叔叔说着从背包里掏出一封白色的信。

“我的？”艾森以为自己听错了，有谁会给他写信呢？

艾森拿着那封信站在门口，两眼盯着信封上的文字，完全不敢相信——这是妈妈的字迹呀！他拆开信，里面是一张薄薄的信纸，还有一张他一直想要的球鞋的购物小票。

信上说：

“亲爱的艾森，当你看到这封信的时候，妈妈正在天国望着你。很抱歉，妈妈没能陪你过12岁的生日。但是我相信，又长大了一岁的艾森已经是个大孩子了，你一定可以理解妈妈的无奈，对吗？所以，不要伤心，也不要哭泣，穿上妈妈送给你的球鞋，像以前一样奔跑在赛场上，做妈妈最骄傲的英雄吧！”

“妈妈！”艾森对着天空呼喊，泪光中浮现出妈妈温柔的面容。

从这一天起，周围的人们惊讶地发现，艾森振作起来了，他不再每天

chén jìn zài bēi shāng zhōng liǎn shang yòu yǒu le càn làn de
沉浸在悲伤中，脸上又有了灿烂的
xiào róng yīn wèi tā zhī dào mā ma yī zhí dōu zài zì
笑容。因为他知道，妈妈一直都在自
jǐ shēn biān
己身边。

从未缺席的母爱

爱有千万种，母爱也有不同的样子。有的母爱是无微不至的关心，有的母爱是关键时刻的引导，但无论是哪一种，母爱都从未缺席。

艾森是幸运的，他虽然在最需要母亲关怀的年龄失去了母亲，但是始终不曾缺少母亲的关爱。母亲即使远在天国，依然用生前留下的信件陪伴和鼓励着他。在母爱的陪伴下，艾森找回了从前的自己，变得更加坚强和勇敢，又成了一名奔跑在赛场上的“英雄”。

mò zhā tè de yīn yuè zhī lù
莫扎特的音乐之路

mò zhā tè de fù qīn jiào lì ào bō dé mò zhā tè shì dāng shí gōng tíng li de yī míng yuè shī tā de xǔ duō péng you dōu yǒu zhe hěn gāo de yīn yuè zào yì tā men jīng cháng huì zài jiā li yī qǐ tán lùn zuò qǔ chuàng zuò jiā li de kè tīng jīng cháng chōng mǎn le yuè ěr de yīn yuè shēng

莫扎特的父亲叫利奥波德·莫扎特，是当时宫廷里的一名乐师。他的许多朋友都有着很高的音乐造诣，他们经常会在家里一起谈论作曲创作，家里的客厅经常充满了悦耳的音乐声。

yīn yuè shēng chéng le mò zhā tè zuì shú xi de shēng yīn tā duì fù qīn shuō wǒ yǐ hòu yào chéng wéi wěi dà de yīn yuè jiā

音乐声成了莫扎特最熟悉的声音，他对父亲说：“我以后要成为伟大的音乐家！”

这天，父亲带了一位朋友回家，他们聊起了音乐方面的话题。正聊得高兴，4岁的莫扎特走了出来，递给父亲一个五线谱，上面还有他写写画画的痕迹。

父亲的朋友逗莫扎特说：“这是什么呀？”

莫扎特很认真地说：“这是我作的曲子。”

父亲的朋友听了哈哈大笑，莫扎特的父亲却并没有笑。

父亲接过五线谱，把莫扎特写的曲子认真地看了一遍，激动地对朋友说：“你看，他写的这首曲子完全正确，而且很有意义呀！”

父亲决心把莫扎特培养成一名

音乐家，开始对他进行专业的指导。经过一段时间的学习，莫扎特的钢琴水平和音乐素养都有了长足的进步。后来，为了让莫扎特接触并学习不同形式的音乐，父亲决定带着他周游（到各个地方游历）整个欧洲。游历期间，莫扎特的视野得到了极大的开阔，并且结识了许多有名的音乐家，对当时欧洲最先进的音乐形式有了深刻的认识，为他的音乐之路打下了坚实的基础。

经过刻苦努力学习，再加上过人的天赋，莫扎特很快就成了一名优秀的音乐家，为欧洲音乐的发展做出了巨大的贡献。

父爱与母爱一样无私

在一个人的成长过程中，父亲虽然不像母亲一样对孩子体贴入微、关怀备至，但是他们用自己厚重的人生经历，在每一个关键的时刻指引着我们正确前行。正是有了父亲的指引，我们的成长之路才更加通顺平坦，我们的人生旅途才更加幸福美满。莫扎特的父亲根据莫扎特的兴趣和天赋，给予他正确的帮助和指引，从而让莫扎特实现了自己的人生价值。生活中，我们要学会理解父亲，去发掘父亲含蓄而深沉的爱。

园丁的爱

很小的时候，乔恩就知道自己是被父母抱养的。收养乔恩的是一对大学教授，他们自己没有孩子，对乔恩非常好。养父总是对他说：“乔恩，你的亲生父母都很爱你，只是因为一些原因没有办法把你留在身边。”乔恩每次都点点头，心里却不大相信。

乔恩慢慢长大了，他的养父母把他教育得很好，尤其是他的

养父，总是温和地教导他。“我是多么地幸运，能遇到这样一位好父亲。”乔恩总是在日记本上写下这样的话。

除了养父母，周围的人对他也很好，他们社区的一位园丁就是这样的好人。这位园丁每次遇见乔恩，都会露出灿烂（光彩鲜明夺目）的笑容和乔恩打招呼：“小家伙！今天可真是个好天气，你要好好学习啊！”乔恩听说园丁的妻子难产去世了，而他自己也患有疾病，行动不便，只能在社区当园丁。

有一次，乔恩考试考砸了，躲在公园里偷偷哭泣。大家很着急，到处找他，园丁最先找到了他，还鼓励他说：“小家伙，你是一个男子汉，人生中总会遇到许多挫折，一时的失败算不了什么，只要努力，下次你一定会成功的！”

“真的吗？”乔恩眼泪汪汪（形容人十分激动或者悲痛的样子）地看着他。

“是的，你会长成最棒的男子汉。”园丁脱下自己的衣服披到他身上，热心地把乔恩送回了家。乔恩觉得自己真幸福，除了养父母爱他，每个人都在关心他。

没过多久，园丁的病情加重了，据说他活不了多久。乔恩的养父母把他带到了园丁的病床前：“孩子，请原谅我们一直没有告诉你，这位可敬的男人其实是你的生父！他因为生病无法照顾你，也为了给你更好的生活，所以把你送给我们抚养。但是他对你的爱从未消退（逐渐消失、减退），只是换了一种方式陪在你的身边。”

最伟大的父母之爱

要问这世间最伟大的爱是什么？答案肯定是父母之爱。有时候父母看似让人无法理解的决定，其实隐藏着对孩子无与伦比的深情。所以，在日常生活中，我们不能只看表面，而忽略了爱的本质。故事里的乔恩是幸运的，他的两个爸爸都是好爸爸，一个和他朝夕相处，抚养他，教育他；另一个忍痛离开他，却依然在距离他最近的地方关注他、保护他，一直到生命的尽头。

卢克的愿望

每天放学回家的路上，卢克都会经过一条著名的自行车赛道。这时卢克总会羡慕地看着赛道上的自行车选手，当他们风一样地从他身边骑过去时，他更是会目不转睛（形容注意力高度集中）地盯着看。

一次，学校举行了作文比赛，要求每个同学以自己的愿望为题来写作。卢克想了很久，最终写道：

“我的愿望是拥有一辆自行车赛车，我渴望骑着它，成为一名专业的赛车手。我做梦都向往（指

因为热爱或羡慕某种事物而希望得到的意思）

zhe zài sài dào shang chōng cì de gǎn jué dàn shì wǒ jiā
着在赛道上冲刺的感觉。但是，我家
de jīng jì zhuàng kuàng bù shì hěn hǎo wǒ bù xī wàng zì
的经济状况不是很好，我不希望自
jǐ de yuàn wàng jiā zhòng bà ba mā ma de fù dān kě wǒ
己的愿望加重爸爸妈妈的负担。可我
xiāng xìn wǒ yǐ hòu yī dìng néng tōng guò zì jǐ de nǔ lì
相信，我以后一定能通过自己的努力
yōng yǒu yī liàng zì xíng chē sài chē
拥有一辆自行车赛车……”

zhè piān zhēn qíng liú lù de wén zhāng shēn shēn de dǎ
这篇真情流露的文章深深地打
dòng le píng wěi lǎo shī zuì hòu bèi píng wéi le yī děng
动了评委老师，最后被评为了一等
jiǎng xué xiào jiāng suǒ yǒu dé jiǎng de zuò wén huì jí dào yī
奖。学校将所有得奖的作文汇集到一
qǐ biān chéng le yī běn yōu xiù zuò wén
起，编成了一本优秀作文
shū yìn shuā chū bǎn hòu jì dào le měi gè huò
书，印刷出版后寄到了每个获
jiǎng xuǎn shǒu de jiā zhōng
奖选手的家中。

zhè tiān lú kè
这天，卢克
de bà ba chuān zhe qì chē
的爸爸穿着汽车
wéi xiū gōng de lán sè gōng
维修工的蓝色工
zuò fú huí dào jiā jìn
作服回到家，进

门前用那还带着油污的手打开信箱，看到了这本书，看到了卢克的作文。

看完作文后，卢克的爸爸沉默了很久，各种滋味涌上心头。他的心中既有感动，也有酸楚，但更多的是为卢克的懂事而感到欣慰。

看了作文的爸爸下定决心，要给卢克买一辆真正的自行车赛车，并且让他毫无负担地使用。最后，爸爸以去超市购物中奖的名义，让卢克得到了他最想要的自行车赛车。卢克也如爸爸所希望的那样，毫无负担地快乐骑行着。

多年后，卢克的父亲去世了，他在整理爸爸的遗物时发现了一张发黄的自行车赛车的购物凭证。卢克瞬间明白了一切，对着爸爸的遗像热泪盈眶（因为激动而使眼泪充满了眼眶）。

善意的谎言，真诚的爱

善意的谎言是从爱心中开出的花朵，是基于美好的愿望而生出的柔情，就像故事里卢克的爸爸一样，为了不让卢克感到压力和愧疚，爸爸用善意的谎言成全了儿子的梦想。在我们的生活中，父母也会对我们说一些善意的谎言。比如面对好吃的食物，他们会说自己不喜欢吃，只是为了让我们毫无负担地多吃一些；在他们非常疲惫的时候，他们会说“我不累”，只为了让我们少点不安。诚实是宝贵的，但善意的谎言更是可敬的。我们要学会分辨事情的本质，发现隐藏在善意谎言背后的那些深沉的爱。

埃布尔的颁奖人

埃布尔在学校里是个很出名的学生。他不但学习成绩好，篮球也打得很好，还会演讲。所有的老师和同学提起他，都会竖起大拇指。

但奇怪的是，大家都没见过埃布尔的爸爸妈妈。每次开家长会时，埃布尔都是一个人来参加。其实这是因为埃布尔的爸爸是个坐轮椅的残疾人，而妈妈脸上有烧伤的疤痕，父母的样子让

埃布尔觉得很丢脸，他不愿意被别人知道。

这次学校举行消防宣传演讲比赛，埃布尔又拿了第一名。颁奖时，学校的老校长走上台，手里却是空空的。

“首先，我在这里代表学校祝贺埃布尔。”老校长站在话筒前，目光沉重而哀伤地说，“但是我觉得，为埃布尔颁奖，有两个人比我更适合。他们是一对夫妻，曾经是这个城市里最优秀的消防员。在一次重大的火灾事故中，为了挽救无辜（指没有罪，没有做错的意思）的生命，他们一个被倒塌的建筑物砸断了双腿，一个被烧毁了面容。但为了不让那些被救的人愧疚，他们拒绝了媒体的报道，连自己的儿子也没有告诉，默默地忍受着众人嫌弃的目光……”

听到这里，埃布尔明白了，外貌不能代表一切，一些丑陋的外貌下可能藏着一个伟大的灵魂。埃布尔开始反思自己平日对父母的无礼行为，校长说了些什么，他完全没有听清。直到他看到了两个熟悉的身影——烧伤了脸的母亲戴着大大的口罩，推着坐在轮椅上的父亲一步步向他走来。

埃布尔瞬间明白了，自己的父母正是故事中的消防员。他大哭着跑到了爸爸妈妈面前，用自己最大的力量抱住了他们：“爸爸！妈妈！对不起！”

正确认识自己的父母

因为被表面现象蒙蔽，甚至因为自己的虚荣心而嫌弃父母，这是多么令人痛心的事情啊！值得庆幸的是，故事里的埃布尔在听了校长的讲话后幡然醒悟，认识到了自己的狭隘与自私，回到了爸爸妈妈的怀抱。但是，在我们的现实生活中，还有多少孩子在埋怨父母经济不够富裕，地位不够显赫，无法为自己提供理想的生活，完全看不到父母对自己的付出。如果你有这样的想法和错误的行为，希望你能在还来得及的时候改正。永远不要埋怨你的父母给的不够好，事实上，他们给你的，可能已经是他们最好的了。

ài de pú tao jiǔ
爱的葡萄酒

diàn mén kǒu de fēng líng xiǎng dong， tīng dào shēng yīn
店门口的风铃响动，听到声音
de mǎ lì nǚ shì yòng tián měi de shēng yīn shuō：“huān yíng
的玛丽女士用甜美的声音说：“欢迎
guāng lín！”
光临！”

zǒu jìn lái de shì yī gè shí yī èr suì de nán
走进来的是一个十一二岁的男
hái， tā chuān zhe chén jiù què jié jìng de yī fu， bù ān
孩，他穿着陈旧却洁净的衣服，不安
de zhàn zài nà er， mù guāng jǐn jǐn dīng zhe gāo gāo de pú
地站在那儿，目光紧紧盯着高高的葡
tao jiǔ jià。
萄酒架。

“xiǎo péng yǒu， nǐ zǒu cuò dì fang le ba？”
“小朋友，你走错地方了吧？”
mǎ lì nǚ shì zǒu guò qù， qīn qiè de wèn。
玛丽女士走过去，亲切地问。

“bù， bìng méi yǒu。” nán
“不，并没有。”男
hái yáo yao tóu， “wǒ xiǎng gěi mā ma
孩摇摇头，“我想给妈妈
mǎi yī píng fǎ guó pú tao jiǔ， tā kuài
买一瓶法国葡萄酒，她快

yào guò shēng rì le
要过生日了。”

zhēn shì gè hǎo hái
“真是个好孩

zi mǎ lì nǚ shì gǎn dòng
子！”玛丽女士感动

de diǎn dian tóu nà nǐ xiǎng
地点点头，“那你想

yào shén me yàng de ne
要什么样的呢？”

wǒ nán hái kàn qǐ lái yǒu diǎn bù hǎo yì
“我……”男孩看起来有点不好意

si tā dī shēng wèn qǐng wèn zhè lǐ zuì pián yi de
思，他低声问，“请问这里最便宜的

fǎ guó pú tao jiǔ duō shao qián
法国葡萄酒多少钱？”

wǒ xiǎng yīng gāi shì měi yuán mǎ lì
“我想，应该是18美元。”玛丽

nǚ shì cóng jià zi shang ná xià yī píng pú tao jiǔ nǐ
女士从架子上拿下一瓶葡萄酒，“你

kàn jiù shì zhè yī píng
看，就是这一瓶。”

nán hái kàn hòu yáo le yáo tóu shuō duì bu
男孩看后摇了摇头，说：“对不

qǐ wǒ shēn shang de qián hái bù gòu wǒ guò liǎng tiān zài
起，我身上的钱还不够，我过两天再

lái nán hái liú liàn de kàn le pú tao jiǔ yī yǎn hòu
来。”男孩留恋地看了葡萄酒一眼后

lí kāi le
离开了。

liǎng zhōu hòu nán hái zài cì zǒu le jìn lái tā
两周后，男孩再次走了进来，他

掏出一把皱巴巴（形容皱纹多、不舒展的样子）的钞票：“请您数一数，这是18美元，我想要之前的那瓶葡萄酒。”

“真遗憾。”玛丽女士并没有接过他手中的钱，“那瓶葡萄酒已经卖掉了。”

“啊？”男孩很吃惊，他棕色的大眼睛里有了泪水，嘴里喃喃地说着，“怎么办呢？这是我放学后打工赚来的所有的钱，我买不起其他的了。”

“我很抱歉。”玛丽女士蹲下来，“我能问一下，你妈妈的生日是哪天吗？”

“一个月后。”男孩回答。

“时间足够了。”玛丽女士笑了，“我可以教你做葡萄酒的方法，用这些钱就够了。”

“真的吗？”男孩的眼睛亮了，他感激地向玛丽女士鞠了一躬。

一个月后，男孩将自己亲手做的葡萄酒送给了妈妈。妈妈品尝了一口，惊喜地瞪大了眼睛：“天哪！这是我喝过的最好喝的葡萄酒！”

孩子如何回报父母的爱

莎士比亚说："人生如花，而爱便是花的蜜。"父母和子女之间的亲情是与生俱来的情感，无论是父母对子女的爱，还是子女对父母的爱，都建立在双方浓浓的亲情之上。虽然故事里的小男孩没能给妈妈买到正宗的法国葡萄酒，但是他亲手制作的葡萄酒被妈妈品尝出了爱的味道，这是对他的爱的肯定。所以，表达爱并不在于形式有多好，礼物有多贵，在父母劳累时我们一声关心的问候，生病时我们送上的一杯热水，都足以让他们感受到我们深深的爱意。

zhèng shì jiào zǐ
郑氏教子

zài ōu yáng xiū suì de shí hou tā de fù qīn
在欧阳修4岁的时候，他的父亲
jiù lí kāi le rén shì zhǐ shèng xià tā hé mǔ qīn xiāng yī
就离开了人世，只剩下他和母亲相依
wéi mìng jiā
为命（互相依靠着生活，谁也离不开谁）。家
zhōng shēng huó de zhòng dàn yě quán bù luò zài le tā de mǔ
中生活的重担也全部落在了他的母
qīn zhèng shì shēn shang
亲郑氏身上。

shēng huó suī rán hěn kùn kǔ dàn méi
生活虽然很困苦，但没
néng dǎ dǎo ōu yáng xiū de mǔ qīn tā shì
能打倒欧阳修的母亲。她是
yī wèi shí fēn yǒu yì lì yǒu jiàn shi yòu
一位十分有毅力、有见识又
kěn chī kǔ de fù nǚ tā yǒng gǎn de
肯吃苦的妇女。她勇敢地
tiāo qǐ le chí jiā hé jiào yǎng hái
挑起了持家和教养孩
zi de zhòng dàn tōng guò zhī
子的重担，通过织
bù lái wéi chí jiā tíng de
布来维持家庭的

开销，养活欧阳修。

等欧阳修到了上学的年纪，郑氏翻遍了家里所有值钱的东西，还是没有凑够钱。她不想欧阳修学不了知识，于是决定自己来教欧阳修。家里没有钱买纸笔，郑氏就从屋外的池塘边采来荻草，用这些荻草秆在沙地上教欧阳修写字。

郑氏教给欧阳修的第一个字是“人”字。她对欧阳修说：“天地间，人为本。你要认真学习，不能贪玩，长大后成为一个有用的人。”郑

氏希望儿子向他的父亲学习，不仅要有学问，做人也要言行端正，对得起自己的良心。

欧阳修看着沙地上的字，明白了母亲话里面的意思，他下决心用功读书，将来能够发挥自己的聪明才智，成为像父亲那样造福于民的有用之才。他接过母亲手中的荻草秆，学着母亲的笔画，也在沙地上工工整整地写下了一个“人”字。欧阳修就这样在沙地上练习写字，并练成了一手漂亮的书法。

郑氏看他这么努力，心中非常高兴，又教欧阳修读了许多诗词文章。

欧阳修在母亲的教导下发奋读书。长大后，欧阳修成为一个才华横溢、品格高尚的优秀青年，后来更是用他的聪明才智造福百姓，成了一名人人称颂的好官。

家境不能完全决定你的人生

在现实的生活中，常常有很多人抱怨自己的家境不够富足，但是，经济条件永远不是一个人成才的决定性因素。

从现实看，一些富足人家的孩子因为吃穿不愁，变得只会享受。而一些家境窘迫的孩子，因为较早地品尝了生活的艰辛，变得懂事而坚强，早早就立下了志向。

如果我们家庭富裕，要学会珍惜眼前的条件。如果我们家庭贫困，也不要气馁，只要我们像欧阳修一样，认真学习，拥有不屈的斗志和执着的精神，总有一天也会摘得成功的果实。

善意的谎言

伊莉莎的爸爸妈妈总是吵架，这让伊莉莎从小就非常胆怯和自卑。每天回到家里，伊莉莎都会躲到自己的房间里，然后望着窗外发呆。有一天，在爸爸妈妈又一次争吵的时候，躲在房间里的伊莉莎听见他们说要离婚。这让伊莉莎害怕极了，她不想让爸爸妈妈离婚，不想失去自己的家，于是把自己的苦恼告诉了好朋友罗尼。

“如果我的爸爸妈妈像你的

bà ba mā ma yī yàng xiāng ài jiù hǎo le zhè yàng tā men
爸爸妈妈一样相爱就好了，这样他们
jiù bù huì chǎo jià yě bù huì lí hūn le yī lì
就不会吵架，也不会离婚了。”伊莉
shā duì luó ní shuō
莎对罗尼说。

bù luó ní bìng bù zàn tóng yī lì shā de
“不！”罗尼并不赞同伊莉莎的
guān diǎn wǒ xiǎng tā men yī dìng hái shi xiāng ài
观点，“我想，他们一定还是相爱
de zhǐ shì zì jǐ méi yǒu fā xiàn ér yǐ
的，只是自己没有发现而已。”

nà yào zěn yàng cái néng ràng tā men fā xiàn
“那要怎样才能让他们发现
ne yī lì shā wèn
呢？”伊莉莎问。

ràng wǒ xiǎng yī xiǎng cōng míng de luó ní hěn
“让我想一想。”聪明的罗尼很
kuài xiǎng dào bàn fǎ gào su le yī lì shā
快想到办法，告诉了伊莉莎。

zhè yī tiān wǎn shang yī lì shā duān zhe yī bēi wēn
这一天晚上，伊莉莎端着一杯温
kāi shuǐ qiāo kāi le shū fáng de mén
开水敲开了书房的门。

nǐ lái zuò shén me bà ba tái qǐ tóu
“你来做什么？”爸爸抬起头，
hěn bù mǎn de kàn zhe tā
很不满地看着她。

yī lì shā xià yì shí xiǎng yào táo pǎo dàn shì xiǎng
伊莉莎下意识想要逃跑，但是想
dào luó ní de huà tā shēn xī yī kǒu qì yǒng gǎn de
到罗尼的话，她深吸一口气，勇敢地

走上前去："妈妈说您工作太久了，让我来给您送一杯水，您喝了之后可以休息一下。"

"放这里吧！"爸爸点点头，没有再多说什么，但是伊莉莎却发现他紧皱的眉头似乎放松了一些，脸上的表情也变得温和。

伊莉莎退出书房，又跑到厨房里，乖巧（指聪明、听话而讨人喜欢）地拿起蔬菜开始清洗。

"伊莉莎，你快去写作业，不要在这里捣乱！"妈妈挥着手赶她。

"我的作业写完了，妈妈。"伊莉莎解释说，"是爸爸让我来的。他说您工作一天了，还要准备一家人的晚餐太辛苦了，所以让我来帮帮您。"

“是吗？”妈妈愣了一下，眼睛里流露出一丝笑意，低下头默许（指心里暗暗表示同意许可）了伊莉莎的行为。

这一天的晚餐时间，伊莉莎感觉到了家里久违的温情，爸爸妈妈第一次没有在吃饭的时候吵架，甚至在晚餐结束时，他们还互相微笑了一下。

后来的日子里，伊莉莎又做了很多次这样的事情，渐渐地，她发现已经不需要自己善意的谎言了，爸爸妈妈开始主动为对方做一些事情，吵架的事很久都没有发生了。伊莉莎也变得乐观开朗起来。为爸爸妈妈做过的事情，成了她和罗尼共同的秘密。

家庭的和睦很重要

生活中，随着社会节奏的加快，爸爸妈妈因为忙于应对生活的压力，有时候难免会产生矛盾，这个时候，作为孩子的我们就成了最好的润滑剂。我们在体谅父母辛苦的同时，也要学会做增进父母感情的纽带，尽自己的能力维持良好的家庭氛围，让父母在繁忙之余能时刻感受到爱的力量。就像伊莉莎，她想尽办法让父母感受到彼此的爱，从中我们也能看到她对父母的爱。虽然说谎的行为不应当肯定，但我们也能理解这是孩子为了家庭和睦做出的最大努力。

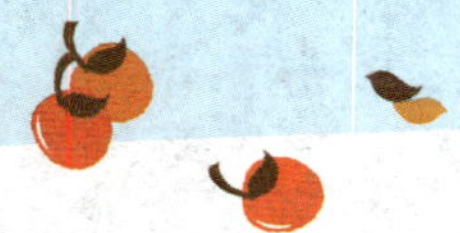

汤姆斯的苹果

美国有一位心理学家，他选取了50位曾经犯过罪的人，分别给他们寄了信件，希望他们能谈一谈对他们走上犯罪道路有影响的一件事。信件寄出后不久，大家的回信陆陆续续地到来了。其中有封信件讲述了这样一个故事。

有一天，汤姆斯放学回家后，发现桌子上放着几个苹果，看起来诱人极了，他和弟弟在旁边眼巴巴地看着，都希望能得到最红最大的那一个。

这时候，妈妈走过来对他们说：“你们每个人可以自己选，但是只能选一个。”

“那我要这个！”妈妈的话音刚落，汤姆斯的弟弟就抢先开口，手指还指向了那个最红最大的苹果。

汤姆斯觉得十分懊恼（心里别扭，不舒服），他后悔自己开口太慢，但是下一秒，他突然看到妈妈对着弟弟皱了皱眉头。难道妈妈是因为弟弟的选择

ér bù gāo xìng ma　tāng mǔ
而不高兴吗？汤姆
sī zài xīn lǐ tōu tōu de xiǎng
斯在心里偷偷地想。

zhèng zài zhè shí　mā
正在这时，妈
ma zhuǎn guò shēn wèn tā　tāng mǔ sī　nǐ ne
妈转过身问他：“汤姆斯，你呢？
nǐ xiǎng yào nǎ yī gè
你想要哪一个？”

tāng mǔ sī yǎn zhū yī zhuàn　jué de zì jǐ de jī
汤姆斯眼珠一转，觉得自己的机
huì lái le　yú shì　tā zhuāng chū yī fù shí fēn zhēn
会来了。于是，他装出一副十分真
chéng de biǎo qíng duì mā ma shuō　wǒ shì gē ge　yīng
诚的表情对妈妈说：“我是哥哥，应
gāi ràng zhe dì di　wǒ jiù xuǎn xiǎo yī diǎn de nà ge ba
该让着弟弟，我就选小一点的那个吧！”

zhēn shì gè dǒng shì de hǎo hái zi　guǒ
“真是个懂事的好孩子！”果
rán hé tāng mǔ sī cāi cè de yī yàng　mā ma tīng
然和汤姆斯猜测的一样，妈妈听
le shí fēn gāo xìng
了十分高兴。

最终，汤姆斯如愿以偿（按希望的那样得到了满足）骗到了那个最红最大的苹果。他用欺骗的手段获得苹果违背了妈妈让他和弟弟学会谦让的本意。

“我发现说假话可以让自己得到想得到的东西。从此，我学会了说谎。后来，我又学会了打架、偷、抢。为了得到想要得到的东西，我不择手段，犯下了不可饶恕的罪行。直到现在我被送进监狱。如果那时我没有因为想得到苹果而对妈妈说谎，如果妈妈那时发现我在说假话就及时让我改正，也许我就不会再错下去，更不会走上犯罪的道路了。”这位犯人最后这样写道。

说谎有害

汤姆斯的妈妈原本想用选苹果这件事来让孩子们学会谦让。但是，汤姆斯并没有认真地领会妈妈的意思。那时，他想的只是怎样能够得到那个大苹果。于是，他用花言巧语欺骗了妈妈。

说谎是不对的，对父母说谎是更不对的，并且是有害的。如果汤姆斯当时能够认识到这一点，悬崖勒马，也许他就不会走上犯罪的道路。

这没什么大不了的

凯瑟琳觉得自己的父亲很乐观，不管遇到多么糟糕的事情，他总是笑着说：“没什么大不了的，看我怎么战胜它！”

有一天夜里，大风把家门前的一棵大树刮倒了。第二天一大早，凯瑟琳打开门，发现大树堵住了门口，无法出去。凯瑟琳很沮丧，噘着嘴巴说：“太糟糕了，我都没办法出去玩了！”

听见凯瑟琳的抱怨声，父亲走了出来，看到堵在门口的树，他不但没有不开心，反而一脸笑容地说：“哇！

上帝一定是知道我想看看树顶，所以才把大树送到我们面前。”

父亲的话一下子吹散了凯瑟琳心头的乌云。她想：我也没见过树顶是什么样子呢！

于是，凯瑟琳高兴地跟着父亲沿着树干爬向树顶，这趟“旅程”真是充满了新奇感。当凯瑟琳拨动树叶，居然在树叶的间隙里发现了一个漂亮的鸟巢，这让她兴奋极了。

等到玩够了，父亲拍拍手对她说：“不就是要把大树移开嘛，这没什么大不了的，看我怎么战胜它！”

父亲找来了绳索和工具，还请

了几位邻居帮忙。大家一起用劲，很快就把大树移开了。

当凯瑟琳拿着鸟巢出现在小伙伴们面前时，她骄傲地分享自己的经历：“虽然倒下的大树堵住了门口，但我趁机爬到了树顶，你们都没有爬上过树顶吧？而且我还找到了一个漂亮的鸟巢！你们看！”小伙伴们听了都很羡慕，团团围住了她。凯瑟琳又开心又神气，度过了快乐的一天。

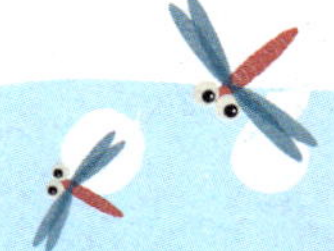

积极乐观地面对困难

生活不是一帆风顺的，每个人都会遇到许许多多的困难。当困难来临，我们要乐观积极地去看待，这样不仅能维持良好的心态，还往往能有意想不到的收获。就像故事中那样，虽然倒塌的大树堵住了门口，让凯瑟琳无法出门玩耍，却方便了她爬到树顶上去看，并且拥有了特别的经历。所以，在生活中，我们要学会用积极的心态去面对困难，用乐观去战胜阻碍。

zhèng bǎn qiáo jiào zǐ
郑板桥教子

清代有一位著名的画家叫郑板桥，他52岁的时候才有了儿子，给他取名叫小宝。老来得子，郑板桥对这个儿子很看重。后来，郑板桥要去外地做官，只好把小宝留在老家，托付给自己的弟弟照料。临走前，他郑重地交代弟弟，一定要照顾好小宝。谁知，小宝恃宠而骄，日益顽劣。

有一次，弟弟给郑板桥来信说：“小宝在家里学会了向别人炫耀：‘我的父亲是大官！’另外，还总是欺负用人们的子女。”

zhèng bǎn qiáo hěn shēng qì tā mǎ shàng huí xìn
郑板桥很生气，他马上回信
shuō wǒ suì cái yǒu zhè ge hái zi què shí hěn ài
说："我52岁才有这个孩子，确实很爱
tā dàn shì ài tā yě yào yòng zhèng què de fāng fǎ yào
他，但是爱他也要用正确的方法，要
bù rán jiù shì nì ài tā jiāo dài dì di bì xū yán
不然就是溺爱。"他交代弟弟必须严
gé yāo qiú xiǎo bǎo xué xí shang yào dū cù xiǎo bǎo kè kǔ
格要求小宝，学习上要督促小宝刻苦
dú shū shēng huó shang yào ràng tā zuò yī xiē lì suǒ néng jí
读书；生活上要让他做一些力所能及
de shì rú zì jǐ chuān yī fu zì jǐ dǎ sǎo fáng
的事，如自己穿衣服，自己打扫房
jiān zì jǐ zhěng lǐ wù pǐn yán xíng shang yào qiān xū jǐn
间，自己整理物品；言行上要谦虚谨
shèn jiè jiāo jiè zào
慎，戒骄戒躁。

zhèng bǎn qiáo de dì di jiē dào xìn hòu kāi shǐ yán
郑板桥的弟弟接到信后，开始严
gé yāo qiú xiǎo bǎo bāng tā jiū zhèng le hěn duō
格要求小宝，帮他纠正了很多
cuò wù de zuò fǎ xiǎo bǎo jiàn jiàn zhǎng
错误的做法，小宝渐渐长
chéng yī gè xiǎo nán zǐ hàn
成一个小男子汉。

hòu lái zhèng bǎn qiáo shēng
后来，郑板桥生
le zhòng bìng cí guān huí dào lǎo
了重病，辞官回到老
jiā zhè tiān tā bǎ xiǎo bǎo
家。这天，他把小宝

jiào dào chuáng biān shuō wǒ jiù yào zǒu le zài zǒu
叫到床边，说：“我就要走了，在走
zhī qián xiǎng yào chī dào nǐ qīn shǒu zuò de mán tou
之前，想要吃到你亲手做的馒头。”
xiǎo bǎo kū zhe dā ying le dàn tā cóng lái méi yǒu zuò guò
小宝哭着答应了，但他从来没有做过
mán tou zhǐ hǎo qù qǐng jiào jiā li de chú shī
馒头，只好去请教家里的厨师。

xiǎo bǎo lái dào chú fáng yǒu lǐ mào de xiàng chú
小宝来到厨房，有礼貌地向厨
shī dǎ zhāo hu rán hòu xū xīn de xún wèn gāi rú hé xuǎn
师打招呼，然后虚心地询问该如何选
liào rú hé huó miàn rú hé zhēng zhì jiē zhe zài
料、如何和面、如何蒸制。接着，在
chú shī de zhǐ dǎo xià xiǎo bǎo yòng xīn de wán chéng měi yī
厨师的指导下，小宝用心地完成每一
gè bù zhòu hěn kuài jiù zuò chū le jǐ gè mán tou tā
个步骤，很快就做出了几个馒头。他
gǎn jǐn bǎ mán tou duān dào fù qīn miàn qián méi xiǎng dào fù
赶紧把馒头端到父亲面前。没想到父
qīn bìng méi yǒu chī zhǐ shì xì zhì de xún wèn le zuò mán
亲并没有吃，只是细致地询问了做馒
tou de jīng guò rán hòu xīn wèi de shuō zhè xià wǒ
头的经过，然后欣慰地说：“这下我
jiù fàng xīn le xiǎo bǎo zhōng yú míng bai yuán lái fù
就放心了。”小宝终于明白，原来父
qīn zhǐ shì xiǎng què rèn tā néng zì lì yī shùn jiān tā
亲只是想确认他能自立。一瞬间，他
kū dǎo zài le fù qīn de bìng chuáng qián
哭倒在了父亲的病床前。

做独立的自己

自立自强是我们必须具备的良好品质，也是父母对我们的殷切期望。当我们还是婴儿的时候，我们确实需要依偎在父母的怀抱里成长，但当我们渐渐成长为雄鹰，就要学会独立，离开父母的怀抱，勇敢地飞向属于我们自己的天空。我们只有成为一个自立自强的人，才能不畏惧自然中的大风大雨，深深地扎根在生活的泥土里，成长为枝繁叶茂的大树。

小鹰的嘲笑

在一座美丽的森林里，生活着很多小动物，它们彼此和睦（相处和谐友爱、不争吵）相处，愉快地生活着。

有一天，一只雄鹰带着它的小鹰住了进来，小动物们都很高兴，热烈欢迎它们。

等到小鹰长大到该学习飞翔的时候，雄鹰直接把小鹰扔了出去。小鹰为了不落到地上，只好拼命地扇动翅膀，很快学会了飞翔。

“你真棒！这么短的时间就学会了。”一直蹲在旁边的小白兔羡慕地

duì xiǎo yīng shuō
对小鹰说。

shuí zhī dào xué huì fēi de xiǎo yīng què hěn xiāo zhāng
谁知道学会飞的小鹰却很嚣张，
sēn lín li zǒng huì xiǎng qǐ tā cháo xiào bié de xiǎo dòng wù de
森林里总会响起它嘲笑别的小动物的
shēng yīn
声音。

huà méi niǎo nǐ de gè zi zhè me xiǎo
“画眉鸟，你的个子这么小，
chàng gē kěn dìng ruǎn mián mián de méi lì qi hā
唱歌肯定软绵绵的，没力气。”“哈
hā hā xiǎo cì wei nǐ shēn shang de cì kě zhēn nán
哈哈！小刺猬，你身上的刺可真难
kàn a shuì jiào shí bù huì zhā dào zì jǐ ma dà
看啊！睡觉时不会扎到自己吗？”“大
xiàng nǐ de bí zi nà me cháng dǎ pēn tì de shí hou
象，你的鼻子那么长，打喷嚏的时候
huì bù huì hěn nán shòu ne cháo xiào wán xiǎo yīng
会不会很难受呢？”……嘲笑完，小鹰
jiù shān dòng chì bǎng gǎn kuài fēi zǒu le
就扇动翅膀赶快飞走了。

yīng bà ba tīng shuō le xiǎo yīng
鹰爸爸听说了小鹰
de xíng wéi hòu xiǎng le xiǎng hěn
的行为后，想了想，很
kuài xiǎng dào le ràng xiǎo
快想到了让小

鹰认识到自己错误的办法。当小鹰回到家时，鹰爸爸问它：“你是不是觉得自己能飞得很高，其他小动物全都不如你？”“当然啦！”小鹰的头扬得高高的。“既然这样，那么明天就跟我一起去参加几个比赛吧！如果你输了，要向其他小动物道歉。”小鹰痛快地答应了，它心想：我这么厉害，比赛准赢！

可是，第二天，一切都和小鹰想象的不一样。它和画眉鸟比唱歌，所有小动物都说画眉鸟唱得更动听；它和小刺猬比运果子，它一次只能叼一颗，但是小刺猬在果子堆里一滚，

yī xià zi jiù gǔn le mǎn shēn de guǒ zi shù lín li zháo
一下子就滚了满身的果子；树林里着
huǒ le dà xiàng dào hé biān xī le yī bí zi shuǐ yī
火了，大象到河边吸了一鼻子水，一
xià zi jiù pū miè le huǒ miáo xiǎo yīng què zhǐ néng yòng chì
下子就扑灭了火苗，小鹰却只能用翅
bǎng pāi dǎ hái shāo le zì jǐ de yǔ máo
膀拍打，还烧了自己的羽毛。

kàn dào le ma měi gè xiǎo dòng wù dōu yǒu zì
“看到了吗？每个小动物都有自
jǐ de tè cháng kě shì dà jiā bìng méi yǒu qù xuàn yào
己的特长，可是大家并没有去炫耀。
ér nǐ què yīn wèi xué huì le fēi xiáng jiù jiāo ào zì dà
而你却因为学会了飞翔就骄傲自大，
mù kōng yī qiè cháo xiào bié rén xiàn zài nǐ zhī dào gāi
目空一切，嘲笑别人。现在你知道该
zěn me zuò le ma yīng bà ba shuō
怎么做了吗？”鹰爸爸说。

wǒ cuò le wǒ yǐ hòu yī dìng qiān xū xué
“我错了！我以后一定谦虚学
xí zài yě bù jiāo ào zì dà xiǎo yīng xiū kuì de
习，再也不骄傲自大。”小鹰羞愧地
dī xià le tóu
低下了头。

不要骄傲

成长的过程中我们对知识的掌握不断增多，我们或许会取得一些成绩，在这个时候，如果对自己和别人没有一个清醒的认识，很容易产生骄傲自大的情绪，这对我们的成长是非常不利的。

而这个时候，我们需要向父母“求教”，用父母丰富的人生经验来时刻警醒自己，避免走入歧途。任何时候，我们都不能被短暂的成功蒙蔽了眼睛。适当的挫折能促进我们对自我的认识，从而指引着我们回到正确的道路上。

ān dí de rì jì běn

安迪的日记本

ān dí shì gè kāi lǎng huó pō de xiǎo gū niang tā
安迪是个开朗活泼的小姑娘，她
zǒng xǐ huan hé mā ma fēn xiǎng gè zhǒng qù shì dàn shì
总喜欢和妈妈分享各种趣事。但是
suí zhe nián líng zēng zhǎng ān dí yǒu le zì jǐ de xiǎo mì
随着年龄增长，安迪有了自己的小秘
mì tā bù zài gào su mā ma ér shì bǎ tā men dōu
密，她不再告诉妈妈，而是把它们都
xiě jìn le rì jì li
写进了日记里。

duì yú tā de gǎi biàn mā
对于她的改变，妈
ma fēi cháng dān yōu tā hěn xiǎng
妈非常担忧，她很想
liǎo jiě ān dí de xīn shì zhè
了解安迪的心事。这
tiān chèn zhe ān dí qù shàng
天，趁着安迪去上
xué mā ma fān kāi le tā de rì
学，妈妈翻开了她的日
jì běn
记本。

安迪在日记里记录了许多让自己感到烦恼的事情，妈妈忍不住想要翻看更多，渐渐地忘记了时间，直到一个愤怒的声音唤醒了她。“天啊！妈妈你在干什么？”只见安迪站在房间门口，小脸涨得通红，“你为什么要看我的日记？”

“安迪！”妈妈吃了一惊，急忙解释说，“妈妈只是想知道你在想什么。”

“可是，您没有经过我的允许，这是不对的！”安迪生气地把妈妈赶出了房间，并且把日记本撕了个粉碎。从这天开始，安迪不理妈妈了。妈妈准备的早餐，她不吃；放学时妈妈去接她，她远远地避开了；妈妈送的礼物，她也没有打开看。

爸爸出差回来知道了这件事，他走进安迪的房间，语重心长地说：“妈妈翻看你的日记，侵犯了你的隐私，这是不对的，她也认识到了自己的错误，想要获得你的原谅。你知道吗？每天为了买到最新鲜的食材给你做早餐，妈妈总是一大早起床去菜市场；为了放学按时去接你，跟你好好聊聊，妈妈放弃了公司安排的去巴黎度假的机会。还有，妈妈送你的礼物，是她征求了你的好朋友苏珊的意见，精心挑选的，你真的不打算看看吗？”说着，爸爸拿起旁边的礼物。

安迪缓缓地拆开包装，发现里面是一个崭新的日记本，风格正是她最喜欢的。

爸爸说："妈妈之所以那样做，是担心你遇到困难，她不能及时了解，帮不到你。她很希望成为你值得信赖的好朋友，可以相互沟通，相互信任。现在你能原谅她吗？"

安迪感动地说："妈妈的用心我明白了，我去向她道歉。"

安迪来到妈妈的房间，真诚地向妈妈道了歉。妈妈幸福地拥抱了她。

体谅父母的关心

当我们一天天长大，独立意识不断增强后，秘密也变得多了起来，这时我们很希望有自己的独立空间，也希望自己的隐私得到父母的尊重。但同时，作为子女，我们要体谅父母对我们的关心，学会用理智的方式和父母交流沟通，征得他们的理解，在迷茫和遇到困难时也不要忘记向父母求助。只有这样，我们在人生的道路上才不会走偏，父母也能放心地给予我们独立的空间。

图书在版编目（CIP）数据

读书不是为爸妈 / 熊静主编. -- 北京 : 知识出版社，2018.3
（快乐小学生校园成长记）
ISBN 978-7-5015-9694-2

Ⅰ. ①读… Ⅱ. ①熊… Ⅲ. ①阅读课—小学—课外读物 Ⅳ. ①G624.233

中国版本图书馆CIP数据核字(2018)第046835号

快乐小学生校园成长记　读书不是为爸妈　熊　静 主编

出 版 人　姜钦云
责任编辑　邢树荣　易晓燕
装帧设计　罗俊南　刘嘉盛
出版发行　知识出版社
地　　址　北京市西城区阜成门北大街17号
邮　　编　100037
电　　话　010-88390659
印　　刷　湖南天闻新华印务有限公司
开　　本　880mm×1230mm　1/32
印　　张　3.5
字　　数　70千字
版　　次　2018年3月第1版
印　　次　2020年11月第15次印刷
书　　号　ISBN 978-7-5015-9694-2

定　　价　20.00元